Florian Gallenberger
QUIERO SER
Guión con notas

Edición preparada por

Josefa Jimeno

W0205798

Ernst Klett Sprachen
Stuttgart

Florian Gallenberger
QUIERO SER
Guión con notas

Edición preparada por
Josefa Jimeno

Símbolos y abreviaturas:

↔	antónimo
→	palabra de la misma familia
Méx.	español de México

1. Auflage 1 7 6 5 4 3 2 | 2012 11 10 09 08 07

Alle Drucke dieser Auflage sind unverändert und können im Unterricht nebeneinander benutzt werden. Die letzte Zahl bezeichnet das Jahr des Druckes.

© Florian Gallenberger 2005
© für diese Ausgabe: Ernst Klett Sprachen GmbH, Stuttgart 2006
Der Abdruck erfolgt mit Genehmigung des Autors.

Das Werk und seine Teile sind urheberrechtlich geschützt. Jede Nutzung in anderen als den gesetzlich zugelassenen Fällen bedarf der vorherigen schriftlichen Einwilligung des Verlages. Hinweis zu § 52 a UrhG: Weder das Werk noch seine Teile dürfen ohne eine solche Einwilligung eingescannt und in ein Netzwerk eingestellt werden. Dies gilt auch für Intranets von Schulen und sonstigen Bildungseinrichtungen.
Fotomechanische oder andere Wiedergabeverfahren nur mit Genehmigung des Verlags.
Internetadresse: www.klett.de

Redaktion: Doris Wieser

Umschlagbild: Mondragon Films (Florian Gallenberger), Berlin
Foto S. 36: lingua-video.com

Druck: Gutmann + Co GmbH, Talheim
Printed in Germany.

ISBN 978-3-12-535557-6

9 783125 355576

1. Secuencia de montaje y títulos

exteriores / de día

Los títulos de la película aparecen intercalados con escenas de distintas caras de la Ciudad de México: edificios modernos, basura, suburbios vigilados por la policía e imágenes de los más necesitados: un mendigo, ciegos pidiendo limosna, comerciantes en un mercado en la calle… y niños: niños trabajando, calentándose con sus madres, haciendo números de circo, vendiendo globos, esperando. Niños de la calle.

2. Delante del restaurante

exteriores / de día

Un mendigo está sentado, apoyado en la columna de un edificio alto y moderno. Puede tener unos cuarenta y cinco años, pero parece mucho mayor.

Está cantando. Lo acompañan una botella que rasca con las uñas y un casete en el que suena una ranchera. Vemos cómo se mueve su mano sucia de arriba abajo. Su voz es mejor de lo que por su aspecto se podría pensar. Canta: "Yo quiero ser".

Su ropa está sucia y rota, sus zapatos tienen agujeros y su piel está quemada por el sol.

La cámara se dirige lentamente hacia un lado. Justo detrás de él aparece en la pantalla el ventanal de un restaurante elegante. En una

---

3 **intercalado, -a** mezclado – 4 **una cara** *aquí:* lado, aspecto – **un suburbio** barrio a las afueras de la ciudad, normalmente pobre – 5 **vigilado, -a** observado para que no pase nada – **un necesitado** persona a la que le hace falta lo más básico para vivir – **un mendigo** persona sin casa, ni trabajo que vive de lo que le dan otros – 6 **una limosna** dinero u otras cosas que se da a los pobres – **un comerciante** persona que vende y compra – 7 **calentarse** recibir calor, en este caso, de un fuego en la calle – 8 **un globo** juguete como una bolsa que se llena de aire o de gas – 11 **una columna** pieza de construcción redonda o cuadrada que sujeta un edificio, un techo, etc. – 14 **rascar** pasar las uñas por encima de una superficie – **una uña** parte dura en la que terminan los dedos – 15 **una ranchera** tipo de canción popular mexicana – 18 **un agujero** *aquí:* parte del zapato que está rota – 20 **hacia** en dirección a – 21 **una pantalla** fondo blanco donde se proyecta una película, diapositivas, etc. – **un ventanal** ventana muy grande

mesa al lado de la ventana un hombre de unos cuarenta años está sentado comiendo.

Su aspecto es cuidado y agradable; sus ojos, oscuros, de mirada intensa; su rostro, mexicano. Da la impresión de estar algo solo y lleva la tristeza en los rasgos de la cara.

Ángulo: Ahora en el interior del restaurante. Vemos al hombre directamente, ya no a través del cristal. Apenas puede oírse la música del mendigo. Muy bajo, como si viniera desde muy lejos, penetra por el ventanal. Sin embargo, el hombre la percibe. Se para y presta atención. Se concentra en la música, que parece conmoverlo.

Mira por la ventana, pero no puede ver al músico porque éste está sentado justo debajo.

Atrapado por la música sigue escuchando, mientras la cámara se acerca a su cara.

JORGE *(cantando)*

… y mientras tanto yo te seguiré esperando.
No me he querido ir, para ver si algún día,
que tú quieras volver, te encuentre todavía.
Por eso aún estoy en el lugar de siempre,
en la misma ciudad y con la misma gente,
para que tú, al volver, no encuentres nada extraño
y sea como ayer, y nunca más dejarnos.
Probablemente estoy pidiendo demasiado,
se me olvidaba que ya habíamos terminado,
que nunca volverás …

corte

---

3 **cuidado, -a** *aquí*: lavado, peinado, etc. – 4 **un rostro** cara – 5 **un rasgo** característica de la cara de una persona – 7 **a través de** por, atravesando algo, por medio de – **apenas** casi no – 9 **percibir** darse cuenta de algo / recibir con algún sentido: ver, oír, sentir…; *aquí*: oír – **prestar atención** *aquí*: escuchar atentamente. – 10 **conmover** (-ue-) se dice de lo que despierta sentimientos tristes – 13 **atrapado, -a** *aquí*: casi como hipnotizado

3. Autobús
interiores / de día

La música se sigue escuchando sin interrupción, sólo que ahora cantan voces de niños. Ahora manos jóvenes rascan la botella con una moneda.

Estamos en un destartalado autobús de la Ciudad de México. Jorge es el músico. Es un joven de 16 años, un chico de la calle, con cara simpática. Le hace una seña a su hermano menor, Juan (9), para que vaya por las filas a recoger el dinero de los viajeros con un vaso de plástico. Juan va de viajero en viajero, pero la ganancia es escasa. Jorge intenta acallar el ruido cantando.

Los dos llevan ropa vieja, totalmente desastrada y están sucios de la cabeza a los pies. Ni siquiera tienen zapatos y andan descalzos. Niños de la calle.

JUAN y JORGE *(cantando en un autobús)*
… en la misma ciudad y con la misma gente,
para que tú al volver no encuentres nada extraño
y sea como ayer, y nunca más dejarnos.
Probablemente estoy pidiendo demasiado,
se me olvidaba que ya habíamos terminado,
que nunca volverás, que nunca me quisiste.
Se me olvidó otra vez que sólo yo te quise.

corte

---

2 **interior** espacio dentro de algún sitio / edificio – 3 **sin interrupción** sin parar – 6 **destartalado, -a** *aquí*: viejo, con mucho ruido y moviéndose mucho – 8 **hacer una seña** hacer un movimiento para que alguien haga algo – 9 **la fila** una serie de asientos (en el autobús, en el cine) – 10 **la ganancia** lo que gana alguien, lo que le dan los viajeros – **escaso, -a** poco – **acallar** hacer callar; *aquí*: cantar más fuerte que el ruido del autobús – 12 **desastrado, -a** poco cuidado, que parece muy usado – 13 **descalzo, -a** sin zapatos

4. «La vivienda»
interiores / de noche

Juan y Jorge viven en un restaurante abandonado. La entrada está cerrada con un cierre de metal que a la altura del pecho deja pasar la luz al interior.

Algunos muebles improvisados contienen sus pocas pertenencias. Todos los objetos provienen de la basura y, aunque resulta evidente que ambos han intentado hacer del abandonado local un lugar soportable, sigue siendo la pura pobreza en la que viven.

JORGE ¿Qué onda?, ¿ves a alguien?
JUAN No, espérame... No hay nadie.

Jorge se sube en unas cajas y saca de un escondite bajo el techo una vieja caja de hojalata, en cuya tapa está representado en colores vivos el dios azteca Quetzalcoatl (una serpiente emplumada).

Juan saca la ganancia del día. Cuenta con su mano pequeña las monedas: 2,60 pesos. Abre la caja y aparece todo su dinero. Contiene un pequeño fajo de billetes y muchas monedas. Añade las nuevas y saca de debajo de los billetes una nota donde, cuando la desdobla, se ve la contabilidad de sus finanzas. Con letra infantil, insegura, se han ido incluyendo y sumando las nuevas ganancias. También ahora anota Juan los 2,60 pesos y los suma al resto con algo de esfuerzo. Sus ahorros ascienden a 84,50 pesos. Jorge se ha sentado detrás de Juan y mira como

---

4 **un cierre** especie de persiana de metal (para proteger tiendas cuando están cerradas) – 6 **contener** tener dentro – **las pertenencias** (*pl.*) todo lo que tiene una persona. – 7 **provenir de** ser de – **resultar evidente** estar claro (a simple vista) – 9 **puro, -a** *aquí*: auténtico, verdadero – 10 **¿Qué onda?** *(Méx.)* ¿Qué pasa? – 12 **un escondite** lugar donde se esconde algo / lugar donde se guarda algo para que no lo encuentre nadie – 13 **una hojalata** tipo de metal del que están hechas las latas – 14 **emplumado, -a** con plumas – 17 **un fajo** *aquí*: montón de billetes – **añadir** unir a / juntar con – 18 **desdoblar** ↔ doblar – 19 **la contabilidad** *aquí*: una lista de lo que ganan día a día – **una letra** escritura – 20 **anotar** escribir en un papel una nota – 21 **sumar** hacer la operación matemática de + – **con esfuerzo** con dificultad – 22 **ascender a** (-ie-) hacer un total de

su hermano hace las cuentas. Juan explica a su hermano mayor las cifras.

JUAN Uno, dos, veinticinco, dos cuarenta y cinco, dos cincuenta, dos cincuenta y cinco, dos sesenta. Dos sesenta igual a ochenta y cuatro cincuenta. Ya casi lo logramos.

JORGE ¿Cuánto tenemos?

JUAN 84,50. Mira, es bien fácil… éste es un ocho, éste es un cuarto, éste es un cinco, éste es un cero. 84,50.

Jorge asiente. Luego sonríe a su hermano, su pequeño maestro, como alguien que no sabe ni leer ni escribir.

Con brillo en los ojos mira la caja abierta y su fortuna.

5. La calle

exteriores / de noche

Una calle en cuyo lado se encuentran una serie de pequeños puestos de comida muy típicos en la acera, en los que los transeúntes comen tacos, salchichas, carne y pollo.

Juan y Jorge están en un puesto de tacos con grandes ojos hambrientos y miran absortos la comida que está en los platos y detrás del mostrador. Se les hace la boca agua.

CLIENTE Estoy bien triste. La camioneta se llevó mi puesto.

JORGE Oye, ¿podemos comernos unos tacos?

Juan lo mira con gesto severo.

---

1 **hacer las cuentas** *aquí*: sumar – 2 **una cifra** número – 9 **asentir** (-ie-) decir sí con la cabeza – 11 **un brillo** luz propia de algo – **una fortuna** riqueza; *aquí*: todo el dinero que tienen – 14 **un puesto** pequeña tienda que generalmente se puede quitar y poner en la calle – 15 **una acera** parte de la calle por donde andan los peatones – **el transeúnte** persona que pasa por la calle – 17 **hambriento, -a** con hambre – 18 **absorto, -a** con la mirada fija, como hipnotizado – **un mostrador** parte del puesto donde se bebe y se come o donde se da la mercancía – 19 **hacérsele la boca agua a alguien** sentir un deseo intenso de comer o beber algo – 22 **un gesto** expresión de la cara – **severo, -a** se dice de una persona que no deja hacer lo que cree que no se debe hacer

JUAN ¿Qué?, ¿estás loco? Es para los globos. Si tú no quieres ser fuerte, yo sí. Y además, ya vámonos.

Los dos corren a la parte de atrás de los puestos, que dan a la calzada. Se dirigen al puesto de tacos donde hay dos cubos de basura grandes.

La dueña del puesto está vaciando los restos de un plato en uno de ellos. Cuando se vuelve otra vez hacia los clientes, Juan y Jorge los sacan del cubo y se los comen ansiosos. Después vuelve la dueña al cubo a vaciar más platos.

DUEÑA DEL PUESTO ¿No les dije que se fueran? Malditos mugrosos. ¡Órale! ¡Sáquense de aquí! ¡Órale!

Con un rápido movimiento pesca Juan los restos que la mujer acaba de tirar en el cubo y los dos hermanos echan a correr.

corte

6. Campo de fútbol
exteriores / de noche

En una calle poco transitada juegan jóvenes al fútbol. Éste es el punto de encuentro de la juventud del barrio.

Hace tiempo que las porterías están destrozadas. Los jóvenes jugadores están bañados en sudor y sucios del polvo del campo. Muchas pandillas y grupos están por allí, se ríen, beben, fuman.

Juan y Jorge están sentados en un bordillo comiéndose los restos de los tacos que se han llevado.

---

3 **dar a la calzada** *aquí*: estar abierto hacia / tener el mostrador del lado de la calle – **una calzada** parte de la calle por donde van los coches – 4 **un cubo de basura** objeto en el que se tira la basura – 5 **un dueño/una dueña** persona que tiene algo (*aquí*: un puesto) propio – **vaciar** ↔ llenar – 7 **ansioso, -a** *aquí*: muy rápido y hambriento – 10 **mugroso, -a** sucio – **¡Órale!** ¡Venga! – **¡Sáquense de aquí!** ¡Váyanse de aquí! – 12 **echar a hacer algo** empezar a hacer algo – 16 **transitado, -a** con mucho movimiento de coches o de gente – 18 **una portería** en el fútbol especie de puerta a donde se tira gol – **destrozado, -a** roto por el mal uso – 19 **el sudor** agua que sale de la piel, por ejemplo, cuando hace calor – 21 **un bordillo** lo que separa la acera de la calle

JUAN ¿Sabías que existe gente que tiene más de lo que necesita? Más comida …

A lo lejos se oye una campana que suena con fuerza. Al mismo tiempo se oye también la voz de una niña vendiendo helados.

NIÑA *(de fondo)* Raspados, raspados.

Jorge mira interpelándolo.

JUAN … más coches …
NIÑA Raspados, raspados …
JUAN … más dinero, más de todo.
NIÑA Raspados. Raspados de fresa, anís, rompope. Raspados.
JUAN Lo que tenemos es hartos piojos.
JUAN Oye, ¿me estás escuchando?
JORGE Sí.
JUAN A ver, ¿qué te dije?
JORGE Deja de molestar.
JUAN Tú nunca me haces caso.

Juan está absorto en sus pensamientos de tal forma que no ha oído a la chica de los helados. Pero Jorge mira a su alrededor y ve cómo se acerca por el borde del campo de fútbol en una vieja bicicleta preparada para la venta ambulante. En ella lleva un gran bloque de hielo y al lado, en pequeños soportes, hay botellas de plástico con jarabe de colores. La chica toca la campana y anuncia helados. Pasa por delante de Juan y Jorge. Juan no se da cuenta, pues está muy ocupado con los tacos.

---

3 **una campana** objeto de metal que suena para llamar a la gente, por ejemplo, en la iglesia – 5 **un raspado** helado hecho con hielo y sirope de distintos sabores – 6 **interpelar** *aquí:* esperar una respuesta – 10 **una fresa** fruta pequeña roja y dulce – **el rompope** bebida alcohólica (hecha con huevos) – 11 **hartos piojos** muchos piojos; *aquí:* nada en absoluto – **harto** *aquí*: mucho – **un piojo** parásito que vive en las zonas con pelo de animales y personas y que pica mucho – 17 **absorto, -a** concentrado – 19 **un borde** límite – 20 **la venta ambulante** acción de vender algo no en un lugar fijo, sino ahora aquí, luego en otro lado – 21 **un soporte** lugar para poner cosas – **un jarabe** sirope

Jorge la sigue con la mirada. Parece tener unos 18 años, pelo negro largo, sus maravillosos rasgos indígenas dan la impresión de orgullo.

Algunos jugadores interrumpen el juego y se acercan a la bicicleta, en parte para comprar raspados, en parte para ponerse alrededor del carrito.

Jorge la observa detenidamente: cómo raspa el hielo del bloque, cómo raras veces mira a alguien dando una sensación de cierta distancia –lo que la hace todavía más guapa– y cómo es admirada por los otros que la rodean. A Jorge le fascina la muchacha. Entonces ella vuelve a subir en la bicicleta y se va.

Juan ni se ha dado cuenta de su presencia. Está ocupado con la comida y resulta evidente que todavía tiene hambre.

JUAN Oye, ¿tenemos cigarros?
JORGE Sí, espérame.
JORGE Ten, enano.

Jorge despierta de sus sueños. Saca de la chaqueta una cajetilla de colores pequeña y desgastada que le tiende a Juan.

Dentro se encuentran algunas colillas que han recogido, la mayoría casi acabadas, pero también hay unas cuantas largas. Juan toma una, Jorge, también.

Están sentados en el bordillo fumando.

corte

3 **interrumpir** parar un momento – 4 **alrededor de** *aquí*: en forma de círculo – 5 **un carrito** un carro; *aquí*: bicicleta preparada para la venta ambulante – 6 **detenidamente** despacio – **raspar** pasar un objeto duro por una superficie para quitar pedacitos – 7 **raras veces** pocas veces, casi nunca – **dar la sensación de** producir un efecto determinado – 8 **ser admirado, -a** gustar mucho a los demás – 9 **rodear** hacer un círculo/ponerse alrededor de algo o alguien – 12 **resultar evidente** estar claro – 17 **tender** (-ie-) dar/acercar algo a alguien – 18 **recoger** *aquí*: tomar del suelo

7. «La vivienda»
interiores / de noche

Los dos están tumbados, muy cerca el uno del otro, encima de unos viejos colchones. Juan duerme profundamente, sólo Jorge tiene los ojos abiertos con la mirada clavada en la oscuridad.

corte

8. Tienda de globos
interiores / de día

Juan y Jorge están en un puesto de venta al por mayor de globos. El lugar está lleno de globos que en grupos cuelgan del techo. En medio de los globos está sentado el dueño en su escritorio. Juan observa los globos con entusiasmo infantil, mientras Jorge negocia con el hombre.

JORGE Pero si la última vez dijo que eran cien pesos.
VENDEDOR En primer lugar hoy no es la última vez y en segundo todo está subiendo. Además van a necesitar una licencia, ¿no?
JORGE ¿Entonces los treinta pesos son para la licencia?
VENDEDOR Tú lo has dicho, hijo.

El hombre asiente con la cabeza y Jorge va a darle la mano para cerrar el trato, pero Juan, que acaba de volver a la conversación, mira perplejo a su hermano y, cuando se da cuenta de lo que pasa, pone gesto enfadado y planta cara al dueño.

JUAN Eso de la licencia es una mentira. Usted cree que porque somos niños va a hacer con nosotros lo que quiera, pero no es así.

---

3 **tumbado, -a** acostado; ↔ de pie – 5 **clavado, -a** fijo, sin mover – 9 **la venta al por mayor** venta en grandes cantidades y sólo para comerciantes – 12 **con entusiasmo** *aquí:* con alegría – **negociar** intentar conseguir un mejor precio y llegar a un acuerdo – 15 **una licencia** permiso necesario para poder vender – 18 **cerrar un trato** (-ie-) hacer un contrato verbal – 19 **perplejo, -a** sin entender nada – 21 **plantar cara** enfrentarse a alguien

Usted dijo que cien pesos. Esa fue nuestra palabra y, por esa razón, usted también tiene que cumplir con la suya.

Su rabia infantil lo lleva casi a llorar. El hombre lo mira primero sorprendidísimo y después sonríe reconociendo el valor del joven tan justamente enfadado. Juan mira al hombre fijamente a la cara. El hombre reflexiona un momento.

VENDEDOR Está bueno, cien pesos. Pero primero me traen el dinero y después les doy su mercancía.

JUAN Y la licencia.

Tiende su mano de niño al vendedor. Al hombre le divierte el sentido negociador y la profunda seriedad de Juan. Se dan la mano.

corte

9. Secuencia de imágenes
interiores / exteriores / de día / de noche

Jorge y Juan tocan en el autobús y en la calle, delante de restaurantes y en el metro. Esto se intercala con imágenes en las que meten dinero en la caja de Quetzalcoatl, comen, fuman en el campo de fútbol, etc.

JUAN *y* JORGE *cantan:*
Mira, Bartola,
ahí te dejo esos dos pesos.
Pagas la renta, el teléfono y la luz, ¿no?
De lo que sobre,
coge de ahí para tus gastos.

---

2 **cumplir** hacer lo que se ha prometido – 3 **una rabia** sentimiento de mucho enfado – 4 **el valor** característica de quien se enfrenta a peligros o situaciones difíciles – 5 **justamente** con razón – **fijamente** intensamente – 7 **Está bueno.** *aquí*: Vale. / De acuerdo. – 8 **la mercancía** productos que se venden – 10 **el sentido negociador** característica que tiene el buen vendedor – 11 **la seriedad** → serio, -a – 21 **la renta** *aquí*: dinero que se paga por alquilar una casa – 22 **sobrar** quedar (más de lo que se necesita)

Guárdame el resto para echarme mi alipús.
El dinero que yo gano,
toditito te lo doy.
Te doy peso sobre peso,
siempre hasta llegar a dos.
Tú no aprecias mis centavos,
te los gastas que da horror.
Yo por eso no soy rico, por ser despilfarrador.

corte

10. En la calle
exteriores / anochecer

Están sentados en un escalón por la tarde delante del viejo cierre de una tienda. Están comiendo algunas tortillas pasadas y un aguacate medio podrido. Encima de un trozo de papel aluminio hay un poco de carne mala con algo de salsa al lado.

Juan ve a un cachorro olfateando a lo largo de la acera, que al parecer está solo y hambriento. Busca en la basura algo comestible.

Juan le echa un trocito de tortilla que, como es de esperar, lo devora ansioso y se acerca moviendo el rabo.

JORGE ¿Qué te pasa, enano? ¿Por qué le das de comer?
JUAN Es un bebé.
JORGE ¿Eso qué?
JUAN No tiene a nadie que lo cuide.

---

1 **un alipús** *(Méx.)* bebida alcohólica – 4 **peso sobre peso** *aquí*: todo lo que gana – 6 **apreciar** valorar como es justo – 8 **un despilfarrador** el que gasta todo su dinero en cosas innecesarias – 12 **un escalón** una de las partes de una escalera – 13 **pasado, -a** que ha superado la fecha hasta la que puede comerse – 14 **podrido, -a** que ya no es muy sano comérselo – 16 **un cachorro** *aquí*: perro pequeño – **olfatear** buscar algo con la nariz (se dice de animales) – **al parecer** según parece – 17 **comestible** que se puede comer – 18 **devorar** comer para animales – 19 **un rabo** parte del cuerpo de animales (lo mueven los perros cuando están contentos) – 20 **un enano** personaje de fantasía pequeño que trabaja en las minas; *aquí*: forma cariñosa de llamar a los niños

Jorge mira a su hermano extrañado.

JORGE Y nosotros sí, ¿no, enano?

Juan piensa un momento.

JUAN Nosotros nos tenemos a nosotros mismos, tonto.

Jorge reflexiona y asiente con la cabeza. Juan le da al perro otro trocito pequeño de tortilla. El cachorro lo engulle hambriento y mueve el rabo contento con la esperanza de recibir más.

corte

11. «La vivienda»
interiores / de noche

Juan y Jorge están tumbados en los cojines. Cerca de Juan está tumbado el perrito, que se ha hecho un rollo para dormir. Jorge está tumbado nuevamente despierto.

Observa a su hermano dormido sopesando. Entonces, se levanta con mucho cuidado y se pone los pantalones y los zapatos sin hacer ruido. Se escabulle de la vivienda común sin despertar a su hermano.

corte

---

1 **extrañado, -a** *aquí:* sorprendido de lo que dice – 6 **engullir** comer rápidamente y sin educación – 14 **sopesar** pensar el pro y el contra – 16 **escabullirse** salir de un sitio silenciosamente sin que los demás se den cuenta

12. Campo de fútbol

exteriores / de noche

La calle que les sirve de campo de fútbol está a oscuras, escasamente iluminada por algunas farolas. Están jugando los mismos chicos. El ambiente tiene algo de amenazador.

Jorge pasea despacio.

Se oye la voz de la chica de los helados. Jorge observa como la chica atraviesa el campo de fútbol con su puesto de helados ambulante. Se para y los chicos la rodean. Jorge los mira, parece inseguro, y se dirige lentamente al puesto de helados.

Se hace paso a empujones en el pequeño grupo y de repente se encuentra frente a la chica. Es preciosa. Ella vuelve a dirigirse a su barra de hielo pasando por alto a Jorge y empieza a raspar una porción de helado con un raspador de metal.

MUCHACHO 1 ¿Qué te pasa? ¿Por qué estás empujando, mugroso?

JORGE Uno de limón.

La chica y algunos otros lo miran algo sorprendidos.

MUCHACHO 2 Cuidado, que éste paga con canciones.

MUCHACHO 3 Nunca trae dinero en la bolsa.

MUCHACHO 2 Mejor vete a cantar en el metro.

MUCHACHO 3 Canta bien feo.

Los que están alrededor se ríen divertidos con la broma. Sólo la chica no hace ni un gesto.

NIÑA ¿Traes dinero?

---

3 **a oscuras** sin luz – 4 **iluminado, -a** con luz – **una farola** lámpara para las calles – 5 **amenazador, -a** que amenaza, que da miedo – 6 **despacio** ↔ rápido – 8 **atravesar** (-ie-) cruzar – 9 **rodear** ponerse alrededor de algo o alguien – 11 **hacerse paso** pasar quitando a los demás – **a empujones** dando golpes con el cuerpo a los demás – 13 **pasar por alto** sin percibir; *aquí*: sin ver a Jorge – 14 **un raspador** objeto para raspar el hielo – 15 **empujar** dar golpes con el cuerpo para mover a una persona o una cosa – 19 **que** *aquí*: porque – 23 **una broma** algo gracioso que dice alguien

Jorge, inseguro, le da en la mano dos monedas.

Ella las cuenta y empieza a raspar el helado de Jorge. Él observa cada uno de sus movimientos mientras los otros siguen riéndose y haciendo bromas sobre él.

MUCHACHO 1 Eso, ¿qué? ¿De dónde lo sacaste?
MUCHACHO 3 Eso te lo robaste.
MUCHACHO 2 Es dinero robado, ¿verdad?
MUCHACHO 1 Ve qué manos, ¡qué feo!

La chica coge una botella de plástico con un líquido verde y echa el jarabe en el picadillo blanco del hielo. Le da el helado a Jorge. Por un momento aparece en su cara una sonrisa.

JORGE Gracias. Adiós.
MUCHACHO 3 ¡Que te vaya mal!

Jorge se aleja del grupo con la cabeza gacha. Los otros se quedan alrededor del carrito y siguen hablando.

corte

13. «La vivienda»
interiores / de noche, antes del amanecer

Todavía es casi de noche, pues el sol está saliendo. Juan está sentado en la cama y envuelve una pastilla de jabón en una toalla.

Se vuelve hacia Jorge, que todavía duerme, y lo observa un momento antes de tocarlo en el hombro y despertarlo.

corte

---

10 **un picadillo** *aquí*: hielo raspado – 14 **con la cabeza gacha** mirando al suelo – 18 **el amanecer** momento en el que sale el sol – 20 **una pastilla de jabón** pedazo de un producto que sirve para lavarse o para lavar ropa, platos, etc. – **una toalla** objeto con el que uno se seca después de bañarse o lavarse

14. Colegio – Las duchas
exteriores / por la mañana al ponerse el sol

El polideportivo de un colegio con piscina. Más atrás, el edificio del colegio. Juan y Jorge están duchándose. Juan da saltos y no para de moverse.

JUAN ¡Ay, está requete fría!

Jorge jabona a Juan la cabeza con la pastilla de jabón y le lava el pelo.

JORGE No seas exagerado, enano. Así te voy a quitar los malditos piojos.

Jorge se ríe y deja a su hermano, que se aclara la espuma del pelo.

Juan corre a por la toalla y se envuelve en ella tiritando. Ahora se ducha Jorge. También él se lava el pelo.

Cuando oyen de repente el chirriar de una puerta. El conserje sale y empieza a regañarlos. Lleva un perro ladrando de la correa. Se miran asustados y se ponen los calzoncillos casi con pánico. Rápidamente guardan el resto de sus cosas y corren tan rápido como pueden a la salida.

CONSERJE ¡Pinches chamacos! ¿Otra vez aquí? ¡Lárguense! ¡Lárguense!… *(off)* ¡Desgraciados! ¡Malditos!… Ahorita los agarro. ¡Malditos!… ¡Agárralos!

---

4 **dar saltos** moverse de arriba abajo – 6 **requete** *(+ adj.)* muy, muy *(+ adj.)* – 7 **jabonar** dar jabón – 8 **maldito, -a** se dice de una persona o cosa para expresar disgusto – 10 **aclararse** quitarse el jabón – **la espuma** lo que produce el jabón en contacto con el agua – 11 **envolverse** (-ue-) *aquí*: rodear con la toalla – **tiritar** hacer un movimiento instintivo que produce el frío en nuestro cuerpo – 13 **chirriar** producir un sonido que hace metal con metal – **un conserje** persona que abre, cierra y cuida un edificio – 14 **regañar** decir a una persona que ha hecho mal algo o algo malo – **ladrar** gritar un perro – **una correa** objeto con el que se lleva un perro – 15 **los calzoncillos** (*pl.*) ropa interior masculina – 18 **pinche** maldito – **un chamaco** niño – **¡Lárguense!** ¡Váyanse! – 19 **¡Desgraciado, -a!** ¡Maldito*! (insulto)* – **ahorita** ahora mismo – **agarrar** atrapar a alguien

Suelta al perro que va ladrando a la caza de Juan y Jorge. Los dos corren rápidamente cargados con todas sus cosas.

Alcanzan la valla, lanzan la ropa por encima y trepan al otro lado justo delante del perro.

CONSERJE ¡Más les vale que no vuelvan!

Sin respiración y todavía en calzoncillos están a salvo al otro lado de la valla. Se echan a reír y empiezan a hacer burla en dirección del enojado conserje. Éste llama al perro para que vuelva y desaparece en el edificio del colegio.

¡Un triunfo en toda regla!

Cogen sus cosas y se quieren marchar en el momento en el que llega el primer autobús escolar y para unos metros delante de ellos. Las puertas se abren y los alumnos salen atropelladamente.

Llevan el uniforme del colegio y todos tienen una cartera. Así pasan al lado de Juan y Jorge que todavía están de pie en la calle con el pelo mojado y en calzoncillos. Los chicos no prestan atención a Juan y a Jorge y corren alegres al colegio.

Juan se los queda mirando, triste, cómo desaparecen en el edificio del colegio.

Cuando Jorge ve cómo su hermano se queda mirando a los otros chicos, le echa el brazo por el hombro.

JORGE No te preocupes, enano. Tú sabes leer y escribir.
JUAN Sí, y hasta sé más.

corte

---

1 **soltar** (-ue-) dejar libre a alguien – **la caza** acción de perseguir a alguien para atraparlo – 3 **una valla** pequeño muro – **lanzar** tirar algo con fuerza – **trepar** subir con manos y pies – 4 **justo** exactamente – 5 **más les vale** *aquí*: será mejor para ustedes – 6 **sin respiración** *aquí*: muy cansados – **estar a salvo** estar fuera de peligro – 7 **hacer burla** reírse de alguien – 10 **¡Un triunfo en toda regla!** expresión que se dice cuando en un juego uno gana por muchos puntos – 12 **escolar** de la escuela – 13 **atropelladamente** deprisa, con desorden y empujando – 16 **mojado, -a** ↔ seco – 21 **un hombro** parte del cuerpo que une el brazo con el resto del cuerpo

15. Restaurante
interiores / de día

Los dos hermanos acaban de cantar en un restaurante muy lleno. Como se acaban de lavar, tienen mejor aspecto que de costumbre.

Van de mesa en mesa con un vaso de plástico para recoger dinero. Un camarero antipático los está observando con desaprobación.

JUAN ¿Me da para la música?
CLIENTE 1 No.
JUAN ¿Me da para la música?
CLIENTE 2 No, no hay.
JUAN Es para la música.
CLIENTE 2 Bueno.
JUAN ¿Me da para la música?

El camarero da dos silbidos cortos que sirven de seña a los dos hermanos de que deben terminar. Cuando Juan quiere dirigirse a otra mesa, silba otra vez, pero ahora más enérgicamente.

Juan y Jorge siguen de mala gana al camarero a la puerta de atrás.

MESERO Si les chiflo es para que le paren. Entiéndanlo bien.

Juan lo mira desafiante.

MESERO ¿Qué pasa? ¿Cuánto juntaron?

Vacían los vasos. El camarero mira el dinero negando con la cabeza.

MESERO Espero que no me estén haciendo transa.

Los mira examinándolos. Se siente bien en su papel.

---

4 **de costumbre** *aquí*: normalmente – 6 **con desaprobación** no gustándole lo que hacen – 14 **un silbido** ruido que se hace dejando pasar el aire por la boca para llamar a alguien – 15 **silbar** dar silbidos – 17 **de mala gana** sin ganas – 18 **mesero** camarero – **chiflar** silbar – **para que le paren** para que dejen de cantar – 19 **desafiante** plantando cara, enfrentándose – 22 **hacer transa** *(Méx.)* engañar a alguien

MESERO Enséñenme sus bolsillos.

En silencio Jorge y Juan se sacan los bolsillos hacia afuera, pero están vacíos.

MESERO Está bien. Vengan la semana que entra.

El camarero recoge aproximadamente la mitad del dinero de la mesita, se lo guarda en el bolsillo y vuelve al restaurante.

Los dos hermanos se lo quedan mirando con rabia y luego recogen el resto del dinero.

Juan mira a su alrededor con cuidado a ver si alguien los observa y entonces escupe en la mesa las monedas que tenía en la boca llena. Hace un gesto de desagrado por el mal gusto. Jorge lo mira como si acabara de realizar un truco de magia, y los dos se echan a reír.

corte

16. Delante del restaurante
exteriores / de día

Andan por la calle del restaurante. El perro salta atado a la cuerda que sirve de correa.

JORGE Vas a ver, enano, te prometo que un día voy a comer como un verdadero cliente de ese restaurante.

JUAN ¿Estás loco? ¿Le vas a pagar a ése?

JORGE Pero para entonces él va a obedecer lo que yo mande, porque yo voy a ser el jefe.

JUAN El jefe es el que siempre gana el dinero. Eso siempre es así.

JORGE Tú no sabes de esas cosas.

---

10 **escupir** echar fuera lo que se tiene en la boca – 11 **el desagrado** lo que no gusta – **un mal gusto** *aquí*: mal sabor – 12 **un truco de magia** número de circo que hace parecer lo que no es – 21 **obedecer** (-zc-) hacer lo que dice alguien – **mandar** *aquí*: decir a alguien que haga algo / dar una orden

JUAN Oye, la ducha no me ayudó de nada.

Juan se rasga la cabeza porque sigue teniendo piojos.

17. La tienda de globos
interiores / exteriores / de día

El dueño de la tienda está sentado en su escritorio rodeado de globos de todos los colores. Llegan Juan y Jorge.

VENDEDOR ¿Qué pasó? ¿Ya juntaron los cien pesos?
JUAN No, pero se los traemos la semana que entra. Sólo venimos a ver cuáles globos nos vamos a llevar.
VENDEDOR Ándenles. Piénsenlo bien.

Juan y Jorge dirigen su atención a los globos. Están mirando los globos de colores, cuando se oye desde fuera una campana. Jorge presta atención. Entonces oye también muy bajo la voz de la chica de los raspados.

NIÑA Raspados. Raspados. Raspados de fresa, ronpope, coco, jamaica, uva, guanábana, tamarindo, limón.

Jorge piensa un momento y sale rápidamente de la tienda.

corte

---

15 **(una flor de) jamaica** flor de hibisco – **una uva** fruta de la que se hace el vino – **una guanábana** fruta tropical dulce de carne blanca – **un tamarindo** fruta tropical de color marrón

18. Delante de la tienda de globos
exteriores / de día

Un gran mercado con mucho movimiento de tenderos, proveedores, clientes y con mercancía de colores, juguetes y globos. Jorge mira rápidamente a su alrededor y descubre a la chica de los raspados como va despacio por el mercado tocando constantemente la campana. La sigue con la mirada.

Jorge mira con cuidado hacia Juan, por si él se ha dado cuenta de algo, pero éste está completamente concentrado en los globos. Justo antes de que la muchacha gire la esquina, Jorge se arma de valor y va detrás de ella. La sigue y desaparece en la esquina.

corte

19. Delante de la tienda de globos
exteriores / de día

Juan está sentado delante de la tienda de globos y espera a su hermano. Llega Jorge.

JUAN ¿Dónde estuviste todo el tiempo?

Jorge vacila un momento porque se avergüenza de decir la verdad.

JORGE ¿Tú qué crees?

Juan lo mira algo extrañado.

JUAN Debiste apurarte más rápido.

---

3 **un tendero** el que vende cosas en un puesto o una tienda – **un proveedor** el que vende al por mayor a las tiendas – 10 **armarse de valor** tener el valor de hacer algo – 18 **vacilar** quedarse pensando si uno hace una cosa o no – **avergonzarse** (-ue-) sentir vergüenza – 21 **apurarse** darse prisa, hacer algo más rápidamente

JORGE No exageres y ya vámonos.

Se van juntos.

20. «La vivienda»
interior / anochecer

Jorge está sentado detrás de Juan quitándole los piojos. Jorge dice, intentando no darle mucha importancia:

JORGE Enano, en la noche tengo que ir a arreglar unas cosas.

Jorge sigue quitándole los piojos.

JUAN ¿Qué cosas?

JORGE Tengo que ir a la casa de un amigo que conozco desde hace mucho tiempo.

JUAN Te acompaño.

Jorge intenta esbozar una sonrisa, pero no lo consigue. Sigue quitándole los piojos.

JORGE No, no puedes ir porque no lo conoces, enano. Aparte vamos a hablar de cosas de mayores, ya te lo dije. Mejor te quedas aquí con el Chaco.

De repente mira Juan a Jorge sorprendido e incrédulo.

Juan está enfadado. Es la primera vez que su hermano lo excluye y representa un duro golpe para él.

Jorge sigue quitándole los piojos. La desazón se le ve en la cara. Se queda pensando un momento.

---

1 **exagerar** *aquí*: darle a una cosa más importancia de la que tiene – 7 **arreglar unas cosas** *aquí*: hacer algo – 13 **esbozar** *aquí*: hacer el gesto de … – 18 **incrédulo, -a** que no cree lo que está pasando – 19 **excluir** dejar fuera de una actividad a alguien; ↔ incluir – 20 **un duro golpe** *aquí*: una situación difícil de aceptar – 21 **la desazón** sentimiento de disgusto y desagrado

JORGE Enano, no es para tanto. Es más, mira, te doy dinero para que te vayas a comer unos tacos aquí en la esquina.

JUAN ¿Qué? ¿Estás loco? Si es para los globos.

JORGE ¿O si te vas al cine? Porque a mí me dijeron que a ti te gusta el cine, ¿verdad?

Juan niega desafiante con la cabeza. Jorge abraza a Juan por detrás. Lo zarandea un poco y comienza a hacerle cosquillas.

Pelean de broma un momento y la sonrisa regresa a la cara de Juan, sobre todo porque Jorge lo deja ganar y se entrega tumbado debajo de él.

JORGE Espérate, enano, espérate.

Juan se pone de camino hacia el cine con el perro. Jorge se le queda mirando.

corte

21. «La vivienda»
interiores / de noche

Jorge abre la caja de hojalata con la figura de Quetzaolcoatl y aparecen las monedas y billetes, así como el papel de las cuentas.

Jorge mira en la caja con expresión seria, petrificada. Coge aire y saca el fajo de billetes. Se queda pensando un momento y toma un billete del fajo. Vuelve a cerrar la caja en su regazo y cierra los ojos.

corte

---

7 **zarandear** mover a una persona de un lado a otro – **hacer cosquillas** tocar moviendo los dedos para hacer reír a la persona – 8 **pelearse** darse golpes, tirar del pelo de una persona – **de broma** ↔ en serio / de verdad – 9 **entregarse** aceptar que el otro ha vencido – 19 **petrificado, -a** de piedra – 21 **un regazo** parte del cuerpo desde la cintura a las rodillas / donde las madres tienen a sus hijos

22. Delante del cine 1
exteriores / de noche

Juan va por la calle con el perro y se queda de pie en la salida de un cine delante de un cartel de una romántica película de amor. Mira las fotos y el cartel con poco entusiasmo. Saca el dinero del bolsillo, vacila, vuelve a guardarlo y sigue su camino con Chaco de la cuerda.

corte

23. Las calles de la Ciudad de México
exteriores / de noche

Jorge está delante del escaparate de una tienda de ropa para caballeros en un centro comercial, en el que están expuestas unas camisas elegantes. Las observa con mucho interés.

corte

24. En la calle
exteriores / de noche

Juan va andando con el perro por una calle abandonada y le va explicando:

JUAN ¿Sabes qué, Chaco? Cuando tengamos los globos, podremos ir al cine todos los días.

El perro mueve el rabo y ambos desaparecen en la oscuridad.

corte

---

5 **con poco entusiasmo** *aquí*: sin ganas de entrar – 10 **un escaparate** ventanal de una tienda donde se enseña lo que venden – 11 **un centro comercial** lugar donde hay muchas tiendas juntas – **estar expuesto** estar en un lugar para que la gente las vea

25. Las calles de la Ciudad de México
exteriores / de noche

Jorge lleva ahora una elegante camisa blanca de las que estaban en el escaparate de la tienda. Se peina con la mano y de repente parece hasta elegante.

26. "La vivienda"
interiores / de noche

Juan está sentado en los cojines y cuenta el dinero de la caja.

JUAN Sesenta y siete, sesenta y ocho, veinticinco, sesenta y ocho treinta, ochenta y ocho treinta. Faltan 20 pesos.

Está desesperado, fuera de sí. Toma a Chaco y se pone en marcha en busca del ladrón.

corte

27. Secuencia de imágenes
exteriores / de noche

Juan recorre las calles de su barrio con Chaco, sin saber dónde buscar. Los coches pasan por la oscuridad.

Juan está al borde del campo de fútbol y busca a Jorge, pero no lo ve. Pregunta si alguien lo ha visto.

JUAN Oye, oye…
MUCHACHO ¿Qué quieres?
JUAN ¿No has visto a mi hermano?
MUCHACHO No, no lo he visto. Échate para allá.

---

4 **peinarse** ordenarse el pelo – 12 **un ladrón** una persona que roba algo a alguien – 16 **recorrer** ir por

Sigue entonces con el perro, al ver que nadie sabe dónde se encuentra Juan.

corte

28. Delante del Restaurante

Exteriores / de noche

Juan y Chaco andan despacio, deprimidos, por la calle delante del restaurante. No han encontrado a nadie y Juan ha perdido toda esperanza. Pasa por la tienda de globos y mira los globos de colores a través del cierre.

No sabe qué hacer.

Va despacio con la cabeza gacha a lo largo de la acera, cuando su cara se ve iluminada por la luz de un restaurante. Mira de lado hacia el restaurante, y no da crédito a sus ojos, se paraliza de extrañeza y ve, a no más de dos metros de distancia de él, a su hermano sentado con la chica de los helados.

Jorge habla con ella y le echa el brazo por encima del hombro. La chica se ríe.

Juan se esconde rápidamente detrás de la pared para que no lo puedan ver. Cuando vuelve a mirar, el camarero está en la mesa cobrando. Juan no puede entender lo que está viendo. Incrédulo no puede dejar de mirar la escena.

Ha entendido lo que pasa. Tras unos momentos se da la vuelta con cuidado y se va sin que su hermano lo vea.

corte

---

13 **no dar crédito a sus ojos** no creer lo que ve – 20 **cobrar** recibir el dinero por algún servicio

29. «La vivienda»
interiores / de noche

Juan ha abierto la caja y cuenta el dinero que queda.

Entonces hace dos montoncitos, devuelve el más grande de ellos a la caja y pone el más pequeño en un vaso de plástico verde.

JUAN Cinco pesos y cinco pesos. Veinte centavos y veinte centavos.

Vemos las manitas de Juan metiendo algunos objetos y ropa en una bolsa de deporte vieja y desgastada. Coge una imagen de la Virgen de Guadalupe de la pared y se la guarda.

corte

30. En la calle
exteriores / de noche

Jorge y la chica están sentados en el escalón de una tienda cerrada. Están solos.

Jorge está sentado algo tenso junto a ella. Se ve que no sabe muy bien qué hacer.

JORGE ¿De veras te gustó?
NIÑA Sí, sí me gustó.
JORGE ¿Y te gustaría volver a salir conmigo?
NIÑA Tal vez.

Silencio

JORGE ¿Tienes novio?
NIÑA No, no tengo novio.
JORGE ¿Pero te gustaría tener?

---

9 **desgastado, -a** muy usado – 16 **tenso, -a** nervioso, ↔ tranquilo – 18 **de veras** de verdad

NIÑA Tal vez.
JORGE ¿Quieres ser mi novia?

La muchacha no sabe bien qué decir. Está apurada.

NIÑA Me tengo que ir.

Se levanta y quiere irse. Jorge la mira sorprendido y también se levanta.

JORGE Te puedo acompañar a tu casa, si quieres.
NIÑA No, de veras. Gracias.

Jorge se acerca a ella. Ella se siente algo incómoda e intenta mantener las distancias. Jorge vacila un segundo, entonces la coge de las manos y la gira hacia sí.

JORGE De veras te puedo acompañar.
NIÑA No.
JORGE De veras.
NIÑA No. Además está demasiado lejos para ir caminando.

En ese momento Jorge tira de ella y la besa, impetuoso y torpe, en la boca. La chica trata de liberarse del abrazo.

NIÑA ¿Qué te pasa?
JORGE Pero si te invité a comer.

Jorge la mira asustado. No sabe qué hacer ahora. No está acostumbrado a una situación semejante y no había esperado una reacción así. La situación lo supera.

NIÑA Eso no cuenta. Suéltame.

---

3 **estar apurado, -a** sentir vergüenza – 16 **impetuoso, -a** impulsivo, sin pararse a pensar – **torpe** sin saber hacerlo bien – 17 **liberarse de** ganar/conseguir su libertad – 21 **semejante** *aquí*: así – 23 **Eso no cuenta** *aquí*: eso no importa

Está enfrente de ella y la mira dolido y furioso. Entonces la sujeta y la besa una segunda vez, ahora casi con violencia. Ella se defiende y consigue liberarse de él con todas sus fuerzas.

Desde la oscuridad se acerca el ruido de una moto destartalada. Aparecen los faros y unas cuantas figuras que andan a su lado. Son los chicos que normalmente están por aquí y que nosotros conocemos desde el pricipio. Ya han alcanzado a Jorge y a la muchacha y los observan algo extrañados. El cabecilla con la moto se dirige a la muchacha.

MUCHACHO 1 ¿Qué haces con ése?
NIÑA Nada. Yo estaba aquí…

Jorge la mira finalmente decepcionado. Ella se dirige al motociclista.

NIÑA … y… de repente empezó a agarrarme.
JORGE Pero si salimos juntos a comer.
NIÑA No, no es cierto.

Ella mira una y otra vez a Jorge y a los chicos. Jorge intenta retenerla. Cuando la muchacha se arma de valor y echa a correr tan rápido como puede en la oscuridad. Jorge se la queda mirando decepcionado y triste. Y, al volver la cabeza, ve frente a él a toda la banda de jóvenes. Se le acercan, lo rodean y comienzan a pegarle. Jorge se cae al suelo y los chicos le dan patadas. En primer plano se ve una imagen de Cristo con velitas de colores.

corte

---

1 **dolido, -a** que se siente herido, maltratado – **furioso, -a** con rabia – **sujetar** tomar con las manos a alguien para que no se vaya – 5 **un faro** una de las luces de delante de un coche o una moto – 8 **un cabecilla** el jefe de la banda/de la pandilla – 15 **retener** no dejar que se vaya – 20 **dar patadas** dar golpes con los pies

31. Las calles de la Ciudad de México
exteriores / de noche

Una calle solitaria. Jorge vuelve a la tienda donde ha comprado la camisa. Está sucio, la camisa rasgada y su cara malherida. Ha recibido muchos golpes. Se quita la camisa y vuelve a tomar la vieja, que todavía está en el suelo.

corte

32. «La vivienda»
interiores / de noche

Es de noche, muy tarde.

Juanito está sentado acurrucado sin moverse en los colchones. Lleva esperando horas a su hermano. Jorge se desliza todo lo despacio que puede en la vivienda. La iluminación de la calle y algunos anuncios lanzan en la escena una luz mortecina.

JORGE ¿Qué? ¿Todavía no te has dormido?

Juan se limita a mover la cabeza. Jorge no sabe qué hacer. Se sabe descubierto.

JORGE Se me hizo un poco tarde.

Juan asiente con la cabeza. Jorge le pregunta con miedo:

JORGE ¿Qué tienes?

Jorge no se atreve ni a sentarse a su lado. Está de pie junto a él, sin saber qué hacer.

---

3 **solitario, -a** solo – 4 **rasgado, -a** roto – **malherido, -a** con heridas – 11 **acurrucado, -a** sentado con las piernas dobladas – 12 **deslizarse** irse sin que nadie lo vea, escaparse – 14 **mortecino, -a** *aquí*: débil, escaso – 16 **saberse descubierto, -a** saber que alguien ha descubierto su secreto – 21 **atreverse a hacer algo** tener el valor de hacer algo, armarse de valor

JUAN Nos robaron veinte pesos.

Jorge está desconcertado. ¿Qué hacer? Lucha consigo mismo: ¿le dice la verdad o no?

JORGE Pero no te preocupes, enano. Vas a ver cómo vamos a ganar hasta más de veinte pesos.

JUAN Es que no entiendo quién nos habrá podido agarrar dinero, si nomás estamos tú y yo.

Jorge ha decidido por fin no decir nada y parece aliviado de que su hermano al parecer no sospecha nada.

JORGE Pero deja que encuentre a ese cabrón y vas a ver cómo lo voy a poner.

Jorge no soporta la mirada de Juan y mira a otra parte. Juan espera todavía un momento, después se levanta en silencio y toma la vieja bolsa de deporte que ha preparado.

JUAN Repartí el dinero. Me quedé con veinte pesos más, porque tú te robaste los otros. Y ahora ya me voy. Vente, Chaco.

El perro, que enrollado en el colchón dormía, se despierta y, antes de que se oriente del todo, ya tira Juan de él. En una mano la bolsa de deporte, en la otra la cuerda abandona la vivienda común.

Jorge no entiende lo que le pasa y se le queda mirando consternado.

JORGE ¿Qué te pasa, Juanito? Ya sé que cometí un error, Juan. Pero vas a ver como recuperamos el dinero. Juan, ¿adónde piensas ir solo? ¡Juan!

corte

---

2 **desconcertado, -a** sorprendido y desorientado – 6 **agarrar** tomar, coger; *aquí*: robar – 7 **nomás** sólo – 8 **aliviado, -a** que le han quitado un problema de encima – 9 **sospechar** creer que alguien ha hecho algo – 10 **un cabrón** macho de la cabra; *aquí: insulto grave* – **cómo lo voy a poner** *aquí*: le voy a dar una lección – 20 **consternado, -a** preocupado y sin saber qué hacer, desesperado – 22 **recuperar** volver a tener lo que antes tenían

33. Las calles de la Ciudad de México
Exteriores / de noche

Juan sale a la acera con bolsa y perro. Jorge lo llama detrás del cierre. Cuando Juan no se para, va detrás de él.

JORGE Juan, espérame, por favor. ¡Juan! Juan, cómo quieres que te diga que lo siento. Por favor, discúlpame, Juan.
Juan, yo sé que lo que hice fue un error, pero, por favor, espérate.

Juan no reacciona. Sigue la calle adelante.
Juan se queda parado y se da la vuelta hacia su hermano. La decepción se lee en su cara.

JUAN Prefiero que me traicionen otros y no tú.
JORGE Juan, espérate, por favor.

Tras mirarlo un segundo, echa a correr rápidamente y se monta en un autobús que acaba de pararse un poco más allá. Cuando se ha subido, se cierran inmediatamente las puertas. Jorge, atónito, está delante de las puertas cerradas y grita algo, pero el autobús ya se ha puesto en marcha.

Jorge sigue corriendo con el autobús unos cuantos metros, se queda atrás y finalmente se para. Empieza a sacudir los brazos, pero el autobús tuerce la esquina y Jorge desaparece.

corte

---

9 **darse la vuelta** girar y poner la cara donde antes estaba la espalda – 11 **traicionar** engañar o hacer daño a un amigo o a una persona que tenía su confianza – 15 **atónito, -a** sorprendido, desconcertado – 16 **ponerse en marcha** empezar a andar

34. Restaurante

interiores / exteriores / de día

Otra vez en el restaurante del principio. El hombre está todavía sentado en la mesa y escucha atentamente la música. No puede ver al músico, pues éste está sentado al otro lado de la columna, a sólo un par de metros de distancia.

corte

El mendigo deja la botella que le sirve de instrumento y busca en una de las bolsas que están a su lado y que contienen todas sus pertenencias. Saca la mano de la bolsa y sujeta la pequeña caja de cigarrillos roja. Toma una colilla y se la enciende.

corte

El camarero lleva la cuenta a la mesa del hombre. Éste abre su maletín. Dentro se encuentra la caja de hojalata con el Quetzalcoatl. El hombre es Juan. Saca dinero de la caja y paga la cuenta. Entonces mira el reloj y se va.

corte

Juan sale del restaurante, pasa por delante del mendigo y se para en el borde de la acera. Espera y mira a su alrededor.

corte

Jorge se levanta, guarda las limosnas en el bolsillo y recoge su radiocasete y sus bolsas. Se levanta y se va. Pasa justo al lado de Juan sin percatarse de él. Su ropa está sucia y llena de agujeros.

corte

---

13 **un maletín** pequeña maleta que llevan los hombres y mujeres de negocios

Juan espera al borde de la acera. Allí le acerca el aparcacoches su coche. Éste se baja y Juan le da una propina. Después se monta y se va.

corte

En la acera hay una niña con un montón de globos en la mano. Los suelta. Los globos ascienden a lo largo de la fachada de un rascacielos.

corte

FIN

1 **un aparcacoches** persona que trabaja en un restaurante o una discoteca que pone el coche de los clientes en un lugar seguro – 2 **una propina** un poco de dinero que se da en premio por un buen servicio – 5 **ascender** (-ie-) subir – **a lo largo de** por – **una fachada** parte de un edificio que da a la calle

Biofilmografía del autor y director

Florian Gallenberger nació en Múnich en 1972. Desde la infancia se ha interesado por el cine y la televisión y ha trabajado de actor en numerosas películas y obras de teatro. En 1991 comenzó sus estudios de Filosofía, Psicología y Ruso y, un año más tarde, ingresó en la Escuela Universitaria de Cine y Televisión de Múnich, donde cursó estudios de dirección hasta 1999.
Este jóven director es uno de los autores más premiados del cine alemán, tanto en su propio país, como en los Estados Unidos: con *Quiero ser*, el corto con el que terminó sus estudios, ganó un OSCAR en el 2001, después de que el año anterior fuera ya galardonado con el Oscar para estudiantes. Su primera película *Schatten der Zeit* (2004) ha sido premiada por la Academia Bávara a la mejor opera prima y por el Festival de Cine de Berlín, entre otros.
Gallenberger no sólo es director, sino también autor de los guiones de sus producciones.

Filmografía

1990	*Der Schlag ans Hoftor* (guión y dirección, vídeo, 10 Min.)
1993	*Mysterium einer Notdurftanstalt* (guión y dirección, 35 mm, 8 Min.)
1995	*BMW Werbespot* (dirección)
1996-1997	*Hure* (guión y dirección, 35 mm, 6 Min.)
	Tango Berlin (guión y dirección, 35 mm, 8 Min.)
	Buck (guión, dirección y producción, 35 mm, 13 Min.)
	Die Gebrüder Skladanowsky (co-autor y co-director con Wim Wenders y otros estudiantes, 35 mm, 79 Min.)
1998/1999	*Quiero Ser* (guión, dirección y producción, 35 mm, 34 Min.)
2004	*Schatten der Zeit* (película, Constantin Film, Premio a la mejor opera prima de la Academia Bávara 2004, Premio Especial en el Festival de Cine de Berlín 2005 entre otros)

Breve vocabulario del cine

El lugar

el cine	edificio donde se proyectan películas
el minicine	cine muy pequeño
la sala	gran pieza donde se proyectan y se ven las películas
la pantalla	gran tela sobre la cual se proyectan las imágenes
la butaca	asiento con brazos
el acomodador / la acomodadora	persona que indica los asientos a los espectadores
el vestíbulo	espacio entre la entrada del cine y la sala
la taquilla	ventanilla donde se venden las entradas
el taquillero / la taquillera	persona que vende las entradas
la fila	línea de butacas

El espectáculo

el cortometraje	película muy corta
la película	película …
la comedia	… que quiere hacer reir a los espectadores
~ de aventuras	… que trata de sucesos extraordinarios
el "thriller"	… llena de acción, suspense y misterio
~ policiaca	… que trata de la investigación de un crímen
el documental	… de carácter informativo
el cartel de la película	póster / anuncio de la película
el trailer	versión muy corta de una película que presenta escenas elegidas
el guión	texto que contiene todos los diálogos de una película y también las instrucciones del director

Personas, acciones y acontecimientos

el director / la directora	persona que es responsable de la realización de une película y que da instrucciones a los actores, cámaras, etc.

el productor / la productora	persona que organiza la producción de una película y se ocupa de su financiación
el actor / la actriz	persona que interpreta un papel
~ principal	actor / actriz que representa el / la protagonista de la película
~ secundario, -a	actor / actriz que tiene un papel menos importante
los extras / la figuración	grupo de personas que sólo se ven y que no hablan en la película
los efectos especiales	efectos cinematográficos realizados por medios tecnológicos modernos (por ejemplo, simulaciones por ordenador)
la crítica	opinión sobre una película publicada en un periódico, una revista, Internet
el Festival de Cine	celebración de un concurso cinematográfico
obtener un premio / galardón	recibir una recompensa (en un concurso) por una obra de arte extraordinaria

Informarse

¿Qué ponen en el cine?	¿Qué películas hay en el cine?
la cartelera	lista actual de las películas que aparece publicada en un periódico, por ejemplo
la sinopsis	resumen de la película
la sesión / el pase	función, hora a la que proyectan una película
~ matinal (12:00 h)	
~ de las 16:00, de las 19:00	
~ de noche (20:00 h)	
~ de madrugada (24:00 / 1:00)	
la entrada	el ticket que se compra para poder entrar
el día del espectador	un día a la semana en el que la entrada cuesta más barata